Quisiera ser alto

Carla Bowman

Ilustrado por
Michael Ramirez

span PRESS

Las montañas son altas.

Los rascacielos son altos.

El pino es alto.

La jirafa es alta.

Los jugadores de baloncesto son altos

Yo quisiera ser alto.

10